Sei heute gut zu dir

Herausgegeben von:
Jochen Mariss und Reinhard Becker

Nach Lust und Laune

Einfach nur in den Tag hinein leben,
und etwas tun, das keine Eile hat,
sondern alle Zeit der Welt,
das sich nicht lohnen muss,
sondern einfach nur gut tut,
das keinem Plan folgt,
sondern nur der Stimme
unseres Herzens.

Jochen Mariss

Sei gut zu dir

Von Zeit zu Zeit innehalten
und die Last absetzen,
schwerelos werden,
sich selber so leicht nehmen,
dass die Seele fliegen kann,
aufsteigen aus dem Nebel
der Gewohnheiten,
sich erheben über die Wolken
des Alltags, einen Ort der Stille
und Klarheit finden...

Jochen Mariss

Stern

Ich stehe
manchmal
neben mir
und sage
freundlich
Du zu mir
und sag
Du bist
ein Exemplar
wie keines
jemals
vor dir war
Du bist
der Stern
der Sterne
Das hör ich
nämlich gerne

Jürgen Spohn

Mit der Zeit

Die Zeit läuft uns davon,
wenn wir gegen sie anrennen.
Sie nimmt sich Zeit für uns,
wenn wir mit ihr gehen.
Kein Wettlauf,
sondern ein gemütliches,
leichtfüßiges Schlendern.

Jochen Mariss

Selbstvertrauen

Wünsche nicht,
etwas anderes zu sein,
als du bist.
Aber versuche
zu sein, was du bist,
so gut du kannst.

Zur Ruhe kommen

Eine Hängematte spannen
von Sonntag zu Sonntag
und den Alltag
in die Wüste schicken.
Nichts wollen,
nichts müssen.
Die Zeit anhalten,
zur Ruhe kommen
und einfach nur da sein.

Jochen Mariss

Lass es dir gut gehen

Deine erste Pflicht ist,
dich selber glücklich
zu machen.
Bist du glücklich,
so machst du auch
andere glücklich.

Ludwig Feuerbach

Wünsch dir was!

Sag ja zu deinen Wünschen
und seien sie auch noch so kühn.
Glaube an sie.
Deine Wünsche im Herzen zu tragen
gibt dir magische Kräfte,
die dir helfen können,
sie wahr zu machen.

Jochen Mariss

Guten Morgen, schöner Tag!

Wenn ein neuer Tag
dir zuzwinkert,
dann nimm seine Hand
und setz dich mit ihm
in die Sonne.
Beeile dich nicht
und freu dich von Herzen,
sei gut zu dir selbst –
und der Tag gehört dir.

Jochen Mariss

Gelebte Augenblicke

Warte nicht auf einen glücklichen Tag!
Öffne die Augen und schaue das Glück,
das dieser Tag dir zu schenken vermag.

Warte nicht auf eine schöne Stunde!
Öffne die Ohren und höre wie schön
die Stunde ist, die dir gerade schlägt.

Warte nicht auf den erregenden Augenblick!
Öffne die Sinne und spüre wie erregend
der Augenblick ist, der dich jetzt berührt.

Warte nicht auf ein erfülltes Leben!
Öffne dich für den Augenblick
und du wirst spüren
wie sich dein Leben von selber erfüllt.

Christian Buck

Mengenlehre

Nur halb so viel getan,
nur halb so schnell gelebt,
aber doppelt so viel gefreut.
Nur halb so viel geschafft,
dafür aber auch nur
halb so geschafft.
Nur halb so viel erledigt,
dafür aber auch nur
halb so erledigt.
Und doppelt so gut drauf.
Nichts vorgenommen
für morgen. Nur das Eine:
von ganzem Herzen leben.

Jochen Mariss

Spiegelbild

Sei gut zu dem Gesicht

im Spiegel. Immer.

Jochen Mariss

Von ganzem Herzen

Liebe ist ein Geschenk,
das wir uns täglich
selber machen können.
Haben wir es erst einmal
bekommen, können wir es
mit anderen teilen.

Shirley McLaine

Wie im richtigen Leben

Betrachte jeden
neuen Tag wie einen Film,
in dem du selbst
die Hauptrolle spielst.
Und dann lebe ihn so,
dass du ihn dir gerne
und ohne zu zögern
anschauen würdest.
Mit einer großen Tüte
Popcorn.

Jochen Mariss

Vollkommen
sind wir nicht, wenn wir
unsere Haare gewaschen haben
oder nicht, wenn wir
unsere Schuhe geputzt haben
oder nicht, wenn wir Mozart lieben
oder nicht, wenn wir
betend die Hände falten

Vollkommen
sind wir, wenn wir
alles ablegen und leicht über Pfützen springen
das Gras wachsen hören
wenn der Regen unsere Gänsehaut erreicht
und wir Ausschau halten nach wunderbaren Dingen:
nach Himmel
nach Erde
nach einer Treppe
auf der wir auf- und niedersteigen
und einer sagt:
Du

Wilhelm Bruners

Tu dir was Gutes!

Hast du dir heute Morgen
vorm Spiegel ein Lächeln geschenkt?
Hast du dich heute schon gelobt?
Hast du dir Blumen gepflückt
und in der Sonne gesessen?
Hast du dir heute schon einen
Wunsch erfüllt?
Hast du etwas neues gewagt?
Warst du heute schon
gut zu dir selbst?

Jochen Mariss

Trau dich!

Eine kunterbunte Treppe
führt in den Himmel deiner Träume.
Eine farbenfrohe Brücke führt
über die Abgründe deiner Zweifel.
Am Ende des Regenbogens wartet
das Paradies.

Jochen Mariss

Auf das Leben

Das Leben ist ein Krug voller Möglichkeiten,
jeder Tag ist ein Glas, das wir füllen können,
und jeder Augenblick ist ein kleiner Schluck,
den wir genießen sollten.

Jochen Mariss

Heute

Heute will ich tausend
Sterne pflücken.
Ich möchte heute tausend
Glücksmomente sammeln.
Und tausend Kerzen zünd'
ich heute an.
Heute sprech ich tausend
kühne Wünsche in den Wind.
Heute werd ich tausend
Sprachen schweigen.
Ich male heute tausend Herzen
an tausend Bäume.
Und eines davon schicke ich dir...

Jochen Mariss

Lebensfroh

Lebensfreude ist die Summe
vieler kleiner Geschenke,
die uns das Leben
Tag für Tag macht:
ein Spaziergang im Wald,
eine Bank in der Sonne,
ein gutes Buch und schöne Musik,
ein Moment der Stille,
ein Moment der Nähe,
ein Lächeln,
eine Umarmung.

Jochen Mariss

Öfter mal "nicht" sagen können.
Unterlegenheitsgefühle loswerden.
Zugeben dürfen, bestimmte Dinge nicht zu schaffen.
Keine Furcht mehr haben vor dem,
was andere denken mögen.
Meine dünne Haut nicht verteidigen müssen.
Rosinen im Kopf haben.
Mit mir allein leben können.
Nicht so oft dankbar sein zu müssen.
Müde sein dürfen.
Den Glauben an die Unmöglichkeit verlieren.
Nicht nur von Erinnerungen leben zu müssen.
Fehler machen dürfen.
Sensibel sein dürfen.
Sich keinen Wunsch ausreden lassen.
Eine Heimat haben.
Nicht auf alles eine Antwort haben.
Selig sein.

Dieter Schupp

Ans Meer

Einmal am Tag
in Gedanken ans Meer reisen,
alle Termine, alle Pflichten
und Sorgen vergessen
und den Fuß vorsichtig
ins kühle Nass setzen.
Spüren, dass wir klein sind
wie ein Tropfen
und doch einzigartig
und wunderbar.

Jochen Mariss

Paradies

Das Leben ist ein wunderschöner Garten.
Lass es dir gut gehen darin.
Rieche an den Blumen der Freude.
Trinke von der Quelle des Glücks.
Wärme dich an den Strahlen der Liebe.
Alles liegt für uns bereit.
Wir finden es, wenn wir
mit dem Herzen schauen.

Jochen Mariss

Weitere Buchtitel aus dieser Reihe

Du liegst mir am Herzen - Ein Buch voller Herzensnähe
Ich wünsch dir was - Ein Buch voll guter Wünsche
Verlier nicht den Mut - Ein Buch voller Ermutigungen

Die Titel aus unseren anderen Geschenkbuchreihen finden sich in unserem Verlagsprogramm oder unter: www.grafik-werkstatt-bielefeld.de

Quellenangaben

Seite 6: © Jürgen Spohn, Drunter und Drüber, Bertelsmann Verlagsgruppe, München 1996
Seite 21: © Christian Buck, Text aus: Gelebte Augenblicke, Stöppel-Verlag, Weilheim, 2. Aufl. 1992
Seite 31: © Wilhelm Bruners
Seite 42: © Dieter Schupp

Impressum

Gesamtkonzept und Gestaltung: Bluebox, Atelier für Fotografie, Text und Design, Bielefeld
Fotos: © Reinhard Becker, Jochen Mariss und Werner Bethmann
Druck: Werbedruck Poppe GmbH, Gütersloh